SOY RAMÓN Y SOY CELÍACO

APULEYO EDICIONES   FOMENTO DE VALORES   CUENTOS ILUSTRADOS

AGRADECIMIENTOS:

A la Dra. Ana Martín y al Dr. Rossell, respectivamente, dermatóloga y gastroenterólogo pediátrico del Hospital Universitario Son Espases y a la Dra. Nuria Rull, gastroenteróloga del Hospital Son Llatzer, que nos llevan a mi hijo y a mí.

A FACE y a la ACIB, por su excelente labor en el asesoramiento de los restaurantes, por representar al colectivo y por su ayuda.

A los panaderos/reposteros que se atreven a dar el servicio. A las fábricas que apuestan por la innovación en los productos sin gluten y a los Supermercados que ya cuentan con áreas identificadas y ordenadas Gluten Free.

A todas las personas que se interesan por la inclusión de los pacientes celíacos y no nos "hacen de menos".

A los Ayuntamientos, que se están empezando a mover para ofrecer bonos de ayuda en alimentos y alternativas gastronómicas en las fiestas y ferias.

Y lo más importante, a mi familia y amigos, por la enorme paciencia y por el apoyo incondicional recibido siempre. A la escuela de Adrià, y a los papás y mamás de sus compañeros, por hacernos la vida más fácil y por tenerlo siempre en cuenta... A la Asociación, cuyo cargo de Vicepresidenta ostento en estos momentos. A mi compañero de vida, por hacernos esos deliciosos pasteles/panes sin gluten y por el apoyo recibido y, sobre todo, a mi hijo Adrià.

NOTAS SOBRE EL LIBRO:

Este libro surge de la necesidad de informar a las familias que han sido diagnosticadas y darles esperanza en cuanto a la gestión de la enfermedad celíaca.

Concienciar a los niños con la enfermedad, que pueden llevar una vida totalmente normal si siguen una dieta libre de gluten.

Busca restos de gluten en el libro (trigo, magadalenas, lácteos, etc.) para aprender a localizarlos en todos los lugares.

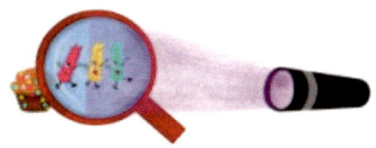

Ramón es un niño al que le sienta mal el **gluten**.
Esto significa que no puede comer pan, pasta,
pizza, galletas, croquetas y
muchos otros alimentos que
sus amigos sí pueden
disfrutar.

Hace un tiempo, su mamá lo llevó al médico para que le hicieran unas pruebas, porque cada vez que comía, aunque fuera muy poquita cantidad, tenía dolor de tripa, diarrea, malestar, picores en la piel…

El médico le dijo que nunca más podría comer GLUTEN. Le explicó que tenía una enfermedad llamada CELIAQUÍA y que muchas otras personas también la tenían.

Pero, ¿qué era el **gluten**? Ramón no entendía lo que significaba, ¡ya que no había oído nunca esa palabra!

Su mamá le explicó que lo que le hacía daño estaba en la semilla de los cereales, como el **TRIGO**, la **CEBADA** o el **CENTENO** y a veces se encontraba en la **AVENA**.

Le explicó también que su cuerpo
lo atacaba porque era como un
EXTRAÑO en su **INTESTINO**…

Y eso le hacía mucho daño, poco a
poco, por dentro, aunque él no lo viese
o no lo notase apenas. Además, su
cuerpo tardaba en eliminarlo.

Era como si comiese
VENENO.

Ramón se sentía muy **TRISTE** y diferente, especialmente cuando veía a sus amigos comer sus alimentos favoritos.

Cuando se hizo a la idea… su mamá, su papá y él comenzaron a investigar sobre la celiaquía y descubrieron que había muchos alimentos sin gluten que podía comer. Iban marcados con la etiqueta de la espiga tachada o ponía SIN GLUTEN.

Normalmente están hechos con harina de ARROZ, PATATA, MAÍZ, GARBANZOS, ALGARROBA, CASTAÑA, ALMENDRA, GUISANTES, COCO…

Aprendió que había otros niños que no podían tomar leche de vaca, fruta, pescado, gambas, huevo, soja, o frutos secos, incluso **TRIGO**, ya que les podía dar **ALERGIA** y ¡acabar en el hospital!

Descubrieron qué era el **CONTACTO CRUZADO**.
Aunque parezca increíble, el hecho de emplear
el mismo cuchillo o el mismo plato, el mismo
aceite o el mismo horno que otra persona que
está comiendo algo con gluten, ya puede hacer
que ese alimento no sea bueno para él.

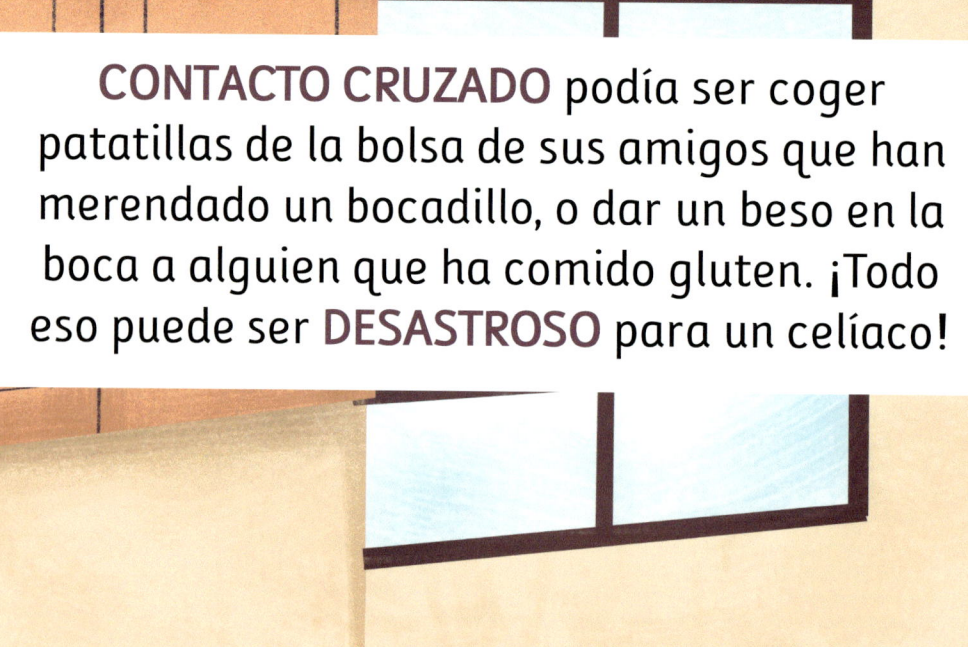

CONTACTO CRUZADO podía ser coger patatillas de la bolsa de sus amigos que han merendado un bocadillo, o dar un beso en la boca a alguien que ha comido gluten. ¡Todo eso puede ser **DESASTROSO** para un celíaco!

Incluso donde se fabrican los alimentos, si hay cerca otros con gluten…, se pueden **CONTAMINAR** y en la etiqueta pone: "puede contener **TRAZAS** de gluten" (¡¡aunque sea poquita cantidad!!).

Gracias a su familia, se dio cuenta que podía hacer muchas cosas divertidas y tener una vida normal, aunque tuviera que tener mucho cuidado con lo que comía y hacía…

CINE

GLU

Aprendió a preguntar
SIEMPRE si podía, o no,
comer algo.

Un día, en la escuela, Ramón compartió su experiencia con sus compañeros y les enseñó sobre la celiaquía. Ellos se interesaron y emocionaron por **APRENDER** algo nuevo. Querían que Ramón no se sintiera mal…

Ramón estaba muy feliz de haber **COMPARTIDO** su historia con sus amigos y de haberlos **AYUDADO** a comprender la **CELIAQUÍA**. Y, a partir de ese día, sus amigos siempre incluían alimentos sin gluten en sus **CUMPLEAÑOS** y juntos disfrutaban de una vida divertida y saludable.

De esta manera, aprendió a vivir con ello…;
a leer las etiquetas para buscar la
pegatina de la espiga tachada
en el embalaje o en los
ingredientes…,

¡hasta en los pintalabios, en los jabones de manos, en las ceras y en la plastilina del cole!

...¡Y a lavarse las manos **SIEMPRE** antes de comer cualquier cosa!

FIN

Sobre la autora y la Celiaquía/Sensibilidad al Gluten No Celíaca (SGNC):

Soy una mamá implicada en la crianza respetuosa, diagnosticada en el 2017, a pesar de haber sido celíaca desde pequeña..., mi hijo, a los 11 meses también. Farmacéutica de profesión y artista de vocación: pinto, escribo, esculpo en cerámica...

Este libro surge de la necesidad de informar a las familias que han sido diagnosticadas y darles esperanza en cuanto a la gestión de la enfermedad celíaca.

La enfermedad celíaca se considera de carácter autoinmune, multiorgánica. NO ES UNA INTOLERANCIA, como vulgarmente se denomina... Es importante que, aunque no se aprecien síntomas visibles, no se hagan transgresiones, ya que el intestino delgado se ve dañado (atrofia de los enterocitos e infiltrado linfocitario), cursa con inflamación y los pacientes tienen más riesgo de padecer linfoma o celiaquía refractaria, que significa que las vellosidades del intestino no volverán a regenerarse.

Es importante NO dejar NUNCA el gluten sin un diagnóstico por parte del especialista. A cada paciente le puede afectar de una forma u otra, tener unos síntomas y no otros. Normalmente, lo diagnostica el Digestivo pero, a veces, los signos de alarma pueden venir de parte de otro especialista, como pediatría, dermatología, endocrinología, medicina interna, médico de cabecera o reumatología..., quienes hacen interconsulta con gastroenterología.

Tanto en la celiaquía como en la Sensibilidad al Gluten No Celíaca, los pacientes pueden cursar con síntomas digestivos como diarrea, estreñimiento, flatulencias, heces que "flotan", o heces pastosas, esteatorrea (heces con grasa), heces con moco (por la inflamación), dolor estomacal (gastritis), vómitos, hígado graso, hepatitis crónica, pérdida de peso...

También pueden presentar síntomas extra digestivos como:

Hematológicos: anemia ferropénica (por la malabsorción a consecuencia de la atrofia vellositaria), déficit de Vitamina B12, linfocitos elevados, a veces, serie plaquetaria elevada (aunque esto últimos, algunos digestivos, lo consideran poco específico).

De mucosas: aftas orales recurrentes, epiescleritis ocular y sensación de ojo arenoso.

De piel: dermatitis herpetiforme (ampollas con picor), muy típicas de celiaquía, psoriasis o lupus eritematoso sistémico (al ser autoinmune), brotes de rosácea.

Autoinmunes: tiroiditis autoinmune o de Hashimoto (hipotiroidismo), síndrome de Sjögren, Diabetes Mellitis tipo 1, enfermedad de Addison, etc.

Músculo-esquelético: osteoporosis, por la mala absorción del Calcio.

Hormonal: infertilidad, alteraciones hormonales.

Reumáticas: dolor musculoesquelético crónico, fibromialgia, espondiloartropatías: dolor en articulaciones, artritis reumatoide.

Sistema nervioso central: NEUROGLUTEN. Puede provocar astenia, fatiga mental, mareos, crisis epilépticas, migraña, ataxia, TEA, TDAH, neuralgia, brotes psicóticos y alteraciones del humor, síndrome de Tourette, tics nerviosos...

Intolerancia a la lactosa debido a la atrofia vellositaria (secundaria a celiaquía).

Lamentablemente, cada vez es más prevalente. Estas son algunas patologías descritas, seguro que me he dejado algunas y aún quedan muchas más por descubrir... también se ha observado mejoría en pacientes con colitis ulcerosa y enfermedad de Crohn, como dice mi Digestiva: "sólo vemos la punta del iceberg".

Es necesario concienciar a los niños y llevar una dieta ESTRICTA, libre de gluten, EVITANDO el contacto cruzado, ya que es el único tratamiento disponible a día de hoy para que la pared del intestino se regenere y se puedan absorber bien los alimentos, y de que desaparezcan los síntomas (excepto en la refractaria, como he mencionado antes, si tras 12 meses de dieta estricta y previo diagnóstico, no desaparece la atrofia vellositaria y la malabsorción). Todo ello se detecta con una BIOPSIA de intestino delgado, que se extrae mediante gastroscopia, el digestivo valorará hacer, o no, la prueba, ya que es invasiva pero da mucha información si los marcadores o la genética han salido negativos.

Recomiendo encarecidamente adherirse a la Asociación de Celíacos a nivel autonómico ya que ofrecen asesoramiento; la APP para Android y IOS para identificar productos con el scanner; realizan un buen trabajo y te facilitan el acceso a otros socios para el intercambio de recetas o restaurantes seguros..., y también, muy importante: llegan a acuerdos con Supermercados que realizan descuentos en los productos sin gluten (¡desafortunadamente tan caros!). Queda mucho trabajo por hacer y seguro que irán saliendo cosas nuevas.

Sobre todo, ¡no estáis solos! Hay toda una comunidad ahí fuera: redes sociales, asociaciones, etc., que debéis aprovechar. Espero que este libro sea material de escuelas, y que los otros niños y los familiares aprendan la importancia de esta enfermedad para ayudar a los nuestros a integrarse.

Gracias.

¿Eres celíaco?

ESTOS SON LOS PRINCIPALES SÍNTOMAS POR EDADES

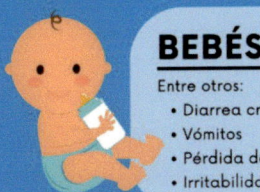

BEBÉS
Entre otros:
- Diarrea crónica
- Vómitos
- Pérdida de peso
- Irritabilidad

NIÑOS/AS
Entre otros:
- Retraso del crecimiento
- Fatiga
- Hinchazón y/o dolor abdominal
- Apatía
- Vómitos

ADOLESCENTES
Entre otros:
- Problemas digestivos
- Pérdida de apetito
- Desarrollo tardío
- Irregularidades menstruales

ADULTOS
Entre otros:
- Abortos de repetición
- Dermatitis herpetiforme
- Anemia
- Infertilidad
- Osteoporosis
- Depresión
- Aftas bucales

Las personas celíacas de Islas Baleares cuentan con el apoyo de ACIB, una entidad sin ánimo de lucro integrada por personas que sufren la enfermedad celíaca y que trabajan por y para el paciente ofreciendo información fiable, veraz y de calidad. Una asociación que busca mejorar la seguridad alimentaria y la integración social del colectivo apoyando al paciente desde el momento del diagnóstico.

¿Qué puede ofrecerte ACIB?

1. Asesoramiento sobre la enfermedad celíaca y la dieta sin gluten, tanto en el diagnóstico como en el resto de tu vida.
2. Acceso a herramientas para conocer más fácilmente los productos sin gluten (lista de Alimentos sin gluten y App FACEMOVIL).
3. Talleres de cocina sin gluten y otras actividades y descuentos.
4. Contribuirás a ampliar la red FACE Restauración Sin Gluten/Gluten-Free, mejorando formación y asesoramiento de establecimientos sin gluten a nivel nacional y provincial.
5. Colaborarás con la investigación sobre enfermedad celíaca y dieta sin gluten a través de los proyectos de investigación que FACE subvenciona en España.
6. Ayudarás a mejorar la seguridad alimentaria para las personas celíacas: vigilancia permanente del mercado a través de controles analíticos periódicos y denuncia de incumplimientos detectados.

NO QUEREMOS QUE NINGUNA PERSONA CELIACA SE SIENTA SOLA POR ELLO, LA ACIB ESTÁ CONTIGO

¿Te sumas a la cadena?

FACE
Federación
de Asociaciones de
Celíacos
de España

©Marta Besalduch Martín (de la obra)
©Apuleyo Ediciones (de esta edición)
Primera edición en Apuleyo Ediciones: febrero 2024
Diseño de cubierta: Sofía Corzo González
Corrección: Aitor Andreu Guerrero
Maquetación: Domingo Carrasco Martín
Ilustraciones: @wings_of _colors
Coordinación editorial: Isidoro Cidre González
info@apuleyoediciones.com
www.apuleyoediciones.com
ISBN: 978-84-10068-06-3
Depósito legal: H 687-2023

Hecho e impreso en España.

MARTA BESALDUCH MARTÍN

APULEYO EDICIONES   FOMENTO DE VALORES   CUENTOS ILUSTRADOS